لما كانت مصر دوله

الأعمال الكامله :طارق التريري

طارق التريري

طارق التريري, 2022 Published by.

While every precaution has been taken in the preparation of this book, the publisher assumes no responsibility for errors or omissions, or for damages resulting from the use of the information contained herein.

لما كانت مصر دوله

Also by طارق التريري

طارق التريري: الأعمال الكامله
قلبي اللي عِشقِك
على باب الله
على باب الله
لما كانت مصر دوله

Standalone
التُهمه عربي
الصُبح في بلادي
إنفصامستان
سُلطان العاشقين
في بلاد الأي حد
قُليل لما بشتاقلي
كُل العساكر كدابين
دم الحُسين
دوايرك
عند باب الحلم
ذكريات الميدان
لاجديد
خاسر
صباح القُدس
وجع القصيده

فارس بلا مُهره
شهريار لم الحكايه
لا جديد
ماكبرتش ومش عايز اكبر
قادر ربك يفرجها
إبتلاء إن انتا مصري

Watch for more at tarqablog.blogspot.com.

لكُل مُحبي الشعر أتمنى أن ينال العمل رضاكُم

جريمة الحلم

مش جريمه الحلم لكن
في البلد دي كُفر بين
أي شئ مقبول ومُمكن
أي شئ من بعدو هين
إلا إن الحلم يطرح
أو سواد الطين يبين
بُرعمو ويطلع يزين
يقتلوه ف قلب المزارع
يقتلوه ف كُل الشوارع
يقتلوه لو لاذ بجامع
يقتلوه والقتل هين
يقتلوه وملايين ح تشهد
انو كُفر عظيم وبين
والجميع ب يخبي حلمو
وابتدا يداهن يلين
ومناً نفسو الهوجه تهدى
بس ما ب يهدوش يالين

أغبياء

ولازم اغبياء في الكون
وإلا يبقى شئ بايخ
حيارى زينا تافهين
يعيشوا وياخدوا في نصايح
يشوفوا في الحياه كام لون
مافيش غامق مافيش فاتح
مابينهُم ألف مية مليون
مايعرفهُمش غير فالح
وناس زيك كدا فاهمين
مش احنا يابتوع امبارح
على الهامش يادوب عايشين
غباءنا وغُلبنا طافح
وشايفين الحياه لونين
مابين غامق وبين فاتح
ولسا فينا الطين ب لونو
مادابش في مصالح

أفنِدِم

مش بتوع علم وحضاره
مش بتوع أفكار تقدم
مش بتوع حاور وناقش
دول بتوع حاضر افندم
واللى تُأمر بيه يُنفذ
نفهم ايه زيك يا افندم
حكمتك دى كتير علينا
وربنا يخليك يا افندم
واللى عاجبو يعيش يا أهلاً
واللى مش مبسوط في داهيه
وداهيه برضو كتير يا افندم
وصبرك الزايد عليهُم
دا اللى طمعهُم يا افندم
دول اخرهم عصره جامده
ويبقوا ملك أيديك يا افندم
يحمدوا النعمه اللى فيها
ويشكروا لمعاليك يا افندم
طول ما رجلك فوق دماغهُم
أد ما تطول يا افندم
وان رفعت الرجل ثانيه
ينطوروا ف وشك يا افندم
دول بتوع اعصُر وجامد
ذلهُم اكتر يا افندم
مش بتوع حاور وناقش
دول بتوع اسجن يا افندم
واللى عاجبو المُر يشرب
واللى مش مبسوط يقدم
خطوتين ونجيب رقبتو
وكُلنا ب نفديك يا افندم
بس يفضل فينا عزك

بس لينا تدوم يا افندم
عزة الأُمة ف حاكمها
والبقيه عليه تخدم

فوارس

ويا وطني خلاص ب تركع
ونجيب فرسان منين ؟
لزمان مافيهوش بطوله
مافيهوش مُتحمسين
والمجد في ماتش كوره
وبيان نشجُب ندين
عبي الأحلام وخَزن
ونشوفها ح ترسي فين
ح تزيد فينا الهزايم
نسكُن تاني الأنين
نرجع نُمضُغ همومنا
ونداري ف كلمتين
وخريف كُل المواسم
يقتل شجر اليقين
إن الأيام تزهَر
تطرح فينا السنين
ولا اتولدت فوارس
كارهه ل نشجُب ندين

مابعد الزهق

بعد الزهق بمحطتين
ومحطه تالته يكون خلاص
مابقاش فيه ناس
أخر محطه
القطر ب يخزن خلاص
ويمد إيدو يهزني
ل ابدأ نُعاس
وب اطمنو
وب يهز راس
واجهز بقى
نازلين خلاص
نبدأ مسيرنا لوحدنا
ونرمي الأساس
لملل طو وويل
ومافيش نُعاس
ومافيش حكاوي تهننو
وماعادش ناس
والكُل قافل دايرتو
مسافر خلاص
جواه ب يبني ف غربتو
وحط الأساس
وجُزر بعيد عن بعضها
وتحسبها ناس
والكُل مابعد الزهق
وفيه ناس خلاص
حلمانه يمكن تتنده
يجي الخلاص

دم الطيبين

ولحد امتى تسيل
يادم الطيبين ؟
دم الغلابه
المطحُونين المُعدمين
عايشنها نحلم بالرضا
وستر السنين
وعيالنا تكبر
نتسند بيهُم يومين
يمكن نعوض حُزننا
وطول الآنين
نصبح وندفن في الجُثث
ونقول يامين ؟
عندو العوض منو العوض
ويا عُمر طين
راح السند راح المدد
راح الخزين
ويادم بس بينزفو ك الطيبين
بس الغلابه
المطحونين المُعدمين
بدل اللي بايع
واللي خاين واللعين
بدل اللي مصوا دمها
وصبغوا السنين
ب سواد قلوبهم
غِلُهُم فينا الدفين
ويسلمونا لبعضُهُم
عُهده وخزين
تروي ف وجودهم
ع الكراسي مكملين
والدم لينا

وهُما بس الكلمتين
صابر وجاهد وانتظر
بُكرا اليقين
ولا بُكرا أبداً نوصلو
ومافيش يقين
غير لما ينزف دمُهُم
ويموت خزين
لكن خزينهُم جنبُهُم متأمنين
وف يوم مانارها ب تشتعل
متحضرين
بدل الوطن فيه مية وطن
متجهزين
الباقي بس يادمنا
وفينا الخزين

جوا رِجلو

وطول ما لابسك جوا رِجلو
هادي بالو وثابته رجلو
مُتعتو يمصمص في دمك
تعترِض ؟
يديك ب رجلو
وان كلامك زاد شويه
ح يجيبوك وتبوس في رجلو
وكُل خير ها يبقى ملكو
ينجعِص ويحُط رجلو
وانتا ب تمصمص في جوعك
منتظر تتهز رجلو
يحدفو لك لُقمه تطفح
بعدها تشمشم في رجلو
يفعصك تكره كيانك
بس ساكن تحت رجلو
تنتحب وتلوم زمانك
واعمل ايه ؟
اكسر ها رجلو
أيوه قوم
اكسر ها رجلو
وأي حد ف يوم يفكر
يلبسك اكسر لو رجلو
ح تلاقيهم كُلو عارف
همتك وان انتا ندو

دورة تعريص

طول مافيكي النهب حرفه
وطول مافيكي معرضين
والتمن بس الغلابه
يدفعوه والمطحونين
والعداله سراب في صحرا
وكُل ما نقرب تبين
عطشانيين نحسبها ميه
واه يا غُلب العطشانيين
تفضلي تعدي النوايب
مُتعتك مد الإيدين
تتقتل فيكي البراءه
ويشتعل فيكي الأنين
يتصلب فيكي اللي جاهد
يأسرك مُحن الكهين
تفريشيلو الأرض رمله
وتنزلي تبوسي الإيدين
تفضلي مأوى الغوازي
وأمن كُل الطبالين
واللي ب يبخر ب يقبض
واللي ب يداهن أمين
واللي ب يفكر مُشاغب
واللي ب يكركر فطين
عاجن القصه وخابز ها
ومُنسجم مع أي مين
المُهم اليوم يعدي
ويبقي فيه في البيت خزين
ومُش مُهم انشا الله تولع
كُلنا نمد الإيدين
المُهم ان انتي ترضي
ويرضوا عنا بتوع أميين

دوره ونحاول ناخُدها
ونبقى برضو معرضين

نظره لولاد الخرابه

نظره لولاد الخرابه
نظره يابتوع القصور
من دمانا نعيم قُصُوركُم
واحنا ب نعد الكسور
من عرقنا الزرع مروي
مش كولونيا ومش عطور
تيجو وتعبو الصوامع
واحنا نستنى الطابور
واعرف اعرف ل المعلم
بُخ في الحرافيش تغور
والبلد ع البحري ليكُم
واحنا ممنوع المرور
والرصيد كُلو ف إيديكُم
واحنا نستنى الأُجور
جنه واتفتحت عليكُم
واحنا فينا الأرض بور
تورثوها وتورثونا
واحنا بخ خلاص نغور
ويلا يابتوع الخرابه
يلا ثوره على القصور
واللي بينا وبين قُصورهُم
بس هوا يادوبو سور
بعدها نحدد مصيرهُم
حبه بخ وحبه غور

بلاد ودين

في بلاد الدين تحسو
وكأنو على سفر
كُل طقوس العباده
في مكاين مُش بشر
ساكن فوق الملامح
لكن قلبو انكسر
ويأمك في الفريضه
وبعديها تقول حجر ؟
تتحاشى النظره منو
وتستغفر م الضجر
تلتين دينو الجواري
ودا شط ودا كفر
والتلت الباقي كرشو
وب يحلم بالظفر
والروح من جوا فاضيه
وطريق ضلمه اتهجر
ب يسافر فيه لوحدو
مرعوب لا يشوف بشر
يضطر يقولك أهلاً
أو تسأل عن خبر
وساعتها تشوف دماغو
وتُصرُخ امتى المطر
ينزل وسيولو تجرف
في حر ام يتقال بشر
وبلاد الدين تشمو
منقوش جوا الحجر
محفور في وشوش صاحبها
في كلامهُم في البصر
ساعة ما يقولك أهلاً
ويدقق في النظر

يسأل عن كيفو حالك
وينبت فيك شجر
مع أنو لا عمرو شافك
ولا يوم جاب لك خبر
لكن ب يشد إيدك
ويعاملك كالبشر

وبعد الحُزن بشويه

وبعد الحُزن بشويه
وقول أكتر
ولامم نفسي حواليا
وب نفكر
وخامس قهوه ع الريحه
وب تمطر
سجاره تودي ل سجاره
وبادي الدم يتعكر
شاكوش الضغط
في دماغي
بدأ يعلى بدا ينقر
وعضو ينادي ع التاني
نقوم نفطر
يرد التاني مش قايم
ومُش ح افطر
نشوف اخرتها
ايه وياه ؟
لغاية امتى ح يفكر؟
وكالعاده ح يتاوب
ويتنحنح ويتزرزر
ويرجع برضو
يتعصب ويتنرفز
وح يفرفر
واخرها يقول
مافيش فايده هو نتعكر
ياريتو ماكان
صحا م النوم
ياريتو مُاقام ولا فكر
واخرها وكالعاده
يروح القهوه يتمخطر

كأنو خلاص فتح عكا
يخُش يكمل المنظر
في شله م الحياه هربت
ب تتفلسف
و ب تتنظر
وعضو يقول
مافيش فايده
وعضو يقول
ح نستنظر
ياريتو ماكان
صحا م النوم
ياريتو ماقام ولا فكر

لسا سيدنا ماقالناش

أمه جاهله
أمه ظالمه
أمه مابتقراش
همها ف نسج الأماني
وتنتظر حلم ببلاش
ليل نهار تُمضُغ وجعها
وكُلنا طلعنا المعاش
الجميع جاهز ب يُرقُص
والعمل مليون طناش
والُمهم الهيصه جداً
ل اجل ايه؟ مايهمناش
والوطن ؟ ساكن قلوبنا
بس لسا اليوم ماجاش
واما يجى اليوم ح نصحا
ونبتدي نبطل طناش
بس إمتى اليوم ح يجى ؟
لسا سيدنا ماقالناش

همسِك

وجميل همسِك في قلبى
والأجمل فرحي بيه
زارع فيا الأمانى
وواخدنى بشوق إليه
فاتح شبابيك ضلوعى
وفارشني جنينه ليه
والكون بُلبُل بيصدح
وب اقول للدُنيا ليه
نعسانه الليله بدري
تهمس وتقولي ايه ؟
الفجر خلاص وشأشأ
وانتا اللى جر الك ايه؟
الهمس طرح في قلبك؟
ولا الأشواق إليه ؟
فرح العُشاق قُليل
واثبت حافظ عليه
طول م الأحلام ب تطرح
لازم بُكرا تلاقيه
لم حروف القصايد
وانشد واشتاق إليه
وجميل همسك في قلبي
والأجمل فرحي بيه
بدل فيا المواسم
خلاني ف دُنيا ايه
اتخلقت لما شوفتك
ولا عارف قبلك ايه

مؤتمرات الأوهام

وياعم يلا
ب نشتري أوهام
وفلوسنا جاهزه
ومُش مُهم ب كام
والدفع فوري
وسعر في الأحلام
واعرض بضاعتك
يلا هز قوام
واطلُب براحتك
كُلنا نوام
بس انتا زوق
كتر الأحلام
وتجيب معاك
هتيفه بس تمام
وكمان شوية
بلطجيه قُدام
مع جوز عوالم
بس لسا سُلام
على كام معرض
فاسد ابن حرام
وتخُش تُرطُن
كلمتين وسلام
والبيعه خلصت
شوف طلعت بكام
وياعم زيدنا
ب نشتري أوهام

رقاص

فى البلد دي
اللي يهوى الحق اهبل
واللي ما بيرقصش خايب
هز وارقُص تبقى فاهم
تلقى كُل الناس حبايب
كُلو يتقرب يودك
كُلو مُش شايف المعايب
هزتين وتلاقي نفسك
شىء مُهم وكُلو جايب
سيرتك الطاهره الشريفه
طازه خاليه من الشوايب
وانتا نفسك مش مصدق
ان دي سيرتك ياخايب
لأ صدق
ايوه صدق
ما احنا فى بلاد العجايب
وبُكره تصحى تلاقى نفسك
تحت قُبه وزير ونايب

فيك اشتعالي

فيك اشتعالي
وفيك سُكوني
وفيك رحيلي ورا الظُنون
فيك انكساري
وفيك مراري
وفيك فراري من العيون
وفيا اشتهائي
للفرح
للعشق والشوق والجنون
وفيا الرحيل
لبلاد بعيده ب ألف لون
طارحه الأمانى
ب ترتسم
تفتح حُصون
مستني يطرح
نبتها
وطرح الغُصون

وعد

وب احلم تسكنيني وعد
تهلي والتقيكى وعيد
واهاجر اطوى ليكي الارض
تغيبى وتسبيني وحيد
وليكي ب افتح الاحضان
تُبصي من بعيد لبعيد
ويطرح بالغُنا قلبى
وتدبل وردتي في الإيد
واخبيكي مابعد الروح
واداريكي لبُكرا عيد
واكابد وارسم الأحلام
وب انتظرك كما المواعيد
وب احلم تسكُنيني وعد
تهلي والتقيكي وعيد

كُلي عندك

كُلى عندِك
واللى عندي
يادوب ملامِك
واصطبارك
شدتِك
حدة كلامِك
رغم إن عنيكي شايفه
أد ايه
انا شوقي ليكي
وشوقي للحرف
ف كلامِك
مشتهى ضل ابتسامِك
مشتهى لمسه إيديكي
مشتهى حتى لخصامِك
وكلي عندك
واللي عندي
يادوب ملامِك

كترت فيك الهزايم

كترت فيك الهزايم
وبقيت شئ مُستباح
وماعادش الكى نافع
ولا ب يطيب جراح
والبتر أكيد وحتمى
ولسا ح يعلا النواح
وابدأ رتب ل ليلك
وماتشتهيش صباح
وماتحلمش ب نسايم
كُل اللى جاى رياح
ضاق الوسع ف دروبك
مابقاش فيك البراح
فاضل بس المراسم
والدفنه وتبقى راح
ونقول كان يوم وطننا
ونندب نبكي ونواح
نرفع راية اللي غازي
نركع ونقول سماح
يفتح سوق النخاسه
يبدء بيع الملاح
وأُمك
بنتك
جواري
وانتا ب ترخي الجناح

يا ثوره مانضفتش

ويا ثوره قامت
بس لسا مانضَفتش
لسا الضباع متجمعه
ما اتفرقتش
وبيلموا تاني ف بعضُهُم
وب ألف وش
ناويين علينا وحلمُهُم
نتقش قش
ويمُصوا تاني ف دمنا
ونتحش حش
نخدم وبس ونعترض
نتّهش هش
نبني ف قُصورهم نندعق
نترش رش
جوا المزارع ننحصد
ويؤشو أش
نرجع عبيدهُم
ملكُهُم ومانفتكرش
يوم ما الميدان بينا اتملى
وما اتكملتش
ثوره وحلمنا ح تنتصر
ومانضفتش
لسا الضباع متجمعه
وما اتفرقتش

مُش أسفين

ومهما كانوا أغبى منك
برضوا مُش أسفين
يا ؟ريس
كان زعيمها للعصابه
كان مهيس شبه ريس
ومهما كانوا اشد منك
كُره لينا وعاثوا فينا
ومصوا خيرنا وباعوا سينا
برضو مِش ناويين نهيس
ننكسر ونقول ياريس
بخ كل وساختو فينا
مص خيرنا وضحا بينا
ولما قُمنا ناخُد ب تارنا
بيقولولنا اترضو عنو
وشوفتوا؟
كان راجل كويس
واللي فينا دا زرعو هوا
لمُهُم عربد وهيس
نقا أوسخ ماف تُرابها
ل اجل مايكونُم عبيدو
ويبقوا خُصيان المهيس
والمدام تُأمر وتنهي
ونن عينها يبقى ريس
ومهما ح يطول وسخهُم
برضوا ح نضف
يا؟ريس
وجاي وقت يكونوا جنبك
تبقى مش وحدك متيس

طبالين حماده

واه ياحُزن الطبالين
هُمُهم مدح ف حماده
ونُطقُهم مليون أميين
كُل يوم نشربها ساده
وهُما لسا مكملين
لحس في الجزمه لحماده
لأ وكانوا مأملين
يوم حماده يهز طولو
ويلتفت للطبالين
يبقى يديهُم عرقهُم
تعبوا طبل وشقاينين
فجأه هب حماده زعق
ادي مين ولا ادي مين
والتكيه خلاص وخربت
فجأه عرفوا اديك منين
ولسا برضو الطبل عالي
بس طبل المكسوفين
طبلوا ورقصوا لحماده
ورجعوا ب فراغ الأيدين
مكسوفين جداً يقولوا
رجعوا فاضيين الأيدين
بعد طول طبل لحماده
قالُهُم اديك منين
حط أيدو على التكيه
وقال بتاعتي
وهش كُل الطبالين
وحتى اصحاب التكيه
ع الرصيف متبهدلين

شبه مصر

شبه مصر
وشبه دوله
وشبه ريس
واحنا شبه مُمثلين
في الأداء بارعين وجداً
انو يعني مصدقين
كِدبُهم خايل علينا
وان هُما مضحيين
بالنفيس والغالي جداً
ل اجل راحة المُجرمين
اللي هُما يعني احنا
المُرتشيين المُفسدين
اللي بالعينها ف كُروشهُم
في الحرام متمرمغين
واللي ب نورث ولادنا
كُل شيئ حتى اليمين
يحلفوه باطل يصدق
قاضي وارث من سنين
محكمه من جد جدو
وفيها عيلتو مكملين
وابن بنتو ح يبقى قاضي
لما تتجوز شيرين
اللي لسا ماجتش أصلاً
بس ح يخلف شيرين
وتبقى يعني على اسم مامتو
بنت بياع الطحين
وبعد فتره نداري أصلو
لأ ماكانش بتاع طحين
كان مُهندس في الجي لوجيا
بس ب يحب الطحين

وان جدو كان ابن سينا
وانو مش عارف منين
والمُهم ان احنا نحيا
ومش مُهم يروحوا فين
أد ايه ظالمينهُم احنا
وهُما بس المطحونين
كُل يوم بـ يموت ولادهُم
واحنا غاسلين الإيدين
من وجعهُم من أنينهُم
من صُراخ المطحونين
و اللي غرقهالهُم احنا
وهُما بس المُصلحين ؟
مسرحية فصل واحد
واحنا فيها مكملين
هُما فيها شبه دوله
شبه ريس
واحنا شبه مُمثلين
واما غرقِت يلا شارك
لأ ياعم مُمثلين
واللي فاهم بس إنتو
وشوفوا ح تودونا فين ؟

ملعون أبو الثقافه

ملعون أبو الثقافه
ملعون أبو العلام
جاهل ب تقولو حاضر
كلب ب تديه تمام
لو كانت يوم ب تنفع
كُنت زمانك تمام
صاين جرحو لكرامتك
قادر تعرف تنام
حلمك بتشوفوا كامل
مابيحتاجش الكلام
وخيولك حُره جامحه
ما بتعرفش اللجام
بتقول كُل اللي عايزو
وما بتخشاش الملام
ولاب تبرر ميولك
ولا ب تبرر غرام
عاشق تدخل تشرف
كاره ب تقول سلام
تنعس وقت اما تُطلب
وتريح في التمام
تصحى تهيم في المغارب
وتطير في الحمام
وبالليل تديها سهره
وبعدين تدخل تنام
تحلم حلم بمزاجك
تصحى الفارس هُمام
تضرب فولك وشايك
تتمخطر ياسلام
ع الشُغل تروح وتمضي
ويادوب ترمي السلام

تطلع ع القهوه دوغري
وجاهز كرسي المقام
رايق بالك وهادي
والكون كلو انسجام
ملعون أُم الثقافه
وملعون أُم العلام
تهري وتنكُت في نفسك
وتناهد في الكلام
والكُل دماغو واجعو
وكاره سيرة النظام
ب يعيشها بكُل فوضي
مستوره وف التمام
على ايه تعمل عداوه
وعلى تاخُد ملام
والوقت مافيش ل دوشه
ولا عِند ولا الخصام
خلي ثقافتك لنفسك
واتمرمغ في العلام

قلبي اشتهى زادك

قلبي اشتهى زادك
قتلو الحنين لعنيك
هايم في اورادك
كُل البلاد ب تغيب
إلا سنا بلادك
يا أصل أصل الطيب
والجنه في ودادك
هز الهلال ياغريب
وارجع بقا بلادك
واروي الريحان دبلان
ساكن على اعتابك
مستني مره تعود
تمسح دموع بابك
قتلو الحنين والشوق
وأنينو ف غيابك
ع البُعد صبرو قليل
والود كان بابك
تفتح تلم الناس
وتجمع احبابك
هز الهلال ياغريب
وافتح بقا بابك

جزيرة الوراق

خلصت سلامات وأهلاً
ودخلنا على المُفيد
بادئ ياخُد بتارهُم
وكلامنا ماهوش جديد
قُلناه ملينا قولو
من يوم دم الشهيد
ما اتباع عداً ونقداً
وسكتنا على الجديد
ويناير بلطجيه
وبعدين بدأ المزيد
ماكانتش ياعم ثوره
دول كام عيل مريض
يتربوا وجاي وقتو
وبدأوا في لبس الحديد
وفضلنا نوطي اكتر
ونبوس من أيد ل أيد
فعلاً ماكانتش ثوره
كُنا شويه عبيد
وحصدنا خريفها بدري
وقُمنا نغني النشيد
ودايماً أيامنا غبره
ودايماً بتجيب وعيد
نُخرُج من شيخ عصابه
ندخُل على شيخ جديد
بس المرادي فاهم
وقرانا ومن بعيد
حدد فين البدايه
ونشن جاب الوريد
نتسهوك حبه حبه
وبُكرا يلين الحديد

واهو لان ونزللو يرقُص
وفتح سيركو الجديد
والحاكم لازم انتا
وانتا الكنز الوحيد
وغرقنا ف سيل وعودو
وصحينا على الوعيد
بادئ ياخُد بتارهُم
ناوي يكون الوحيد
هوا وبس اللي فاهم
واحنا شوية عبيد
واياك تخرب ما تعمر
دا الإنجاز الوحيد
وتعد ياعم غنمك
يشرُد منك بعيد
وحلولو بسيطة جداً
حلين ومافيش جديد
يانوطي نبوس في إيدو
يا كلابشات الحديد
خلصت سلامات وأهلاً
ودخلنا على المفُيد
بادئ ياخُد بتارهُم
وانتا الأبعد بعيد

بلاد مافيهاش بُكرا

في بلاد
مابقيتش عارف
مين بُكرا ح يعمل ايه ؟
لازم تصبُر وتصبُر
وتجيب صبار عليه
تكتم جرحك تكابد
تسكُت ماتقولش ليه ؟
والكلمه الخالده باقيه
طيب وح نعمل ايه ؟
خلصت فينا العمايل
وأخرنا طرب وهيه
وبعديها شعار جُدودنا
والله برئ يابيه
لا اللي ب يسمع مصدق
وعارف قُلت ايه
زيك برضو ف متاهه
ومستنى الكام جنيه
ساكن برضو ف بلدنا
ومُش عارف بُكرا ايه ؟

بلاش نقلي البيضتين

والناس ب تشيل الطين
لرغيفهُم والبيضتين
ب نجيب الفول ونعدو
ويادوب حبايه اتنين
وساعات يمكن ب نشمو
ونلفو كده سجارتين
واللحمة دي حلم بعيد
محتاج تحويش شهرين
وتحوش تلاقها غليت
وسلم لي على القوانين
شهبندر مصر مطنش
مُش حاسس مين؟
بقا فين؟
واستحملوا بس شوية
واكيد ح يكون قوانين
وكرهنا ياعم قانونك
عايزين نقلي البيضتين
أخبار الزيت؟يامعلم
ونجيبوا بكام ومنين
شهبندر مصر مطنش
مش عارف مين؟
بقى فين؟
كُل اللي يهمو الشله
وبلاش نقلي البيضتين

مش مقامِك

ولحد امتى؟ ح تتحني
ل أسوأ مافيكي
تدفني ف جثث الضحايا
تلطمي وتتعب إيديكي
كُل لحظه يزيد مرارك
تكتفي بنظرة عينيكي
تشحتي منهُم نهارك
كُلهُم بيمُصوا فيكي
لا القريب صان القرابه
ولا البعيد حس اللي بيكي
كُلهُم شايف مصالحو
كُلهم ب يبيعو فيكي
وانتي ماسكه ف دول ولادي
وهُما دول اسوأ مافيكي
وكُل حي يروح لحالو
ويبقى كُل الحُزن ليكي
وقومي مره وقومه واحده
بطليهُم نهش فيكي
أوديهُم ادفنيهُم أحرقيهُم
واوعي يوم يصعب عليكي
مش مقامك تولديهُم
مش مقامك يحيوا فيكي

ول حد إمتى

ول حد امتى ؟
ح تنتصر
فينا الجراح
والليل يخُش
بصوت غضب
ينهي الصباح
والكون يضيق
ويضيق يضيق
والكُل أصبح
مُستباح
وف كُل يوم
مليون حريق
عاتيه الرياح
والكُل فوق
حدك ياسيف
مذلول
ومكسور الجناح
مستني حبل المشنقه
وحلموا البراح
لو موت قريب
ييقى استراح

وطا الجبان

وطا الجبان
ابن مليكه
مصمص في
جزمة أمريكا
وعمل على علينا
احنا الراجل
ويا رب عمرو
مايبليكا
بمخصِي صُنعة
أمريكا
تتغر فيه وتقول راجل
تسمع كلامو
الفابريكا
ترقُص ودُقي
يامزيكا
وتبُص ؟ راح فين ال ......راجل
تلقاه سراب
كان حواليكا
فجأه اتنكس
وقلَبَ سيكا
ويا ألف حسره على ال......راجل
وابدء بقى
رفع إيديكا
سَمَع ورُص
ف داعاويكا
تفرج علينا وعليكا
ونلاقي مره ف يوم راجل

كُلنا طواغيت

كُلنا طواغِيت ياسيدنا
وكُلنا
ب نكِدب علينا
بس تيجي الفرصه نقدر
يبهرك ....
أوسخ مافينا
الوسَخ مش بس غيه
الوسَخ
دا عقيده لينا
والجينات مش شُغل برا
عِرق
وب ينقح علينا
كلنا الطيب وجداً
بس
يلقى الفُرصه فينا
يزرعك
جوا الصحاري
ويحرقك
مليون سفينه
وبرضو ساعة الحُزن
يحزن
يقرأ مليون فاتحه لينا
المُهم
نكون خِلصنا
وهوا بس الحي فينا

ماتراهنشى

أيوه حاول ثُم حاول
ثُم حاول ماتراهنشي
في البلد دي بُكرا خايف
بعد دق الباب ب يمشي
والجميع طلباتو كترت
بس نايم ما اشتغلشي
في انتظار ح تروق وتفرج
بس هوا ما يتلمسشى
الجميع يتعب ويعرق
بس هوا ما يتسألشى
يصحى وقت ماتيجى راحتو
يلقى كُل الدُنيا محشي
بعدها يخُش الجنينه
ل مانجا لسا ما اتزرعشي
بعدها الشاي المنعنع
ألف شُكر ما نتحرمشى
وبعدها يشوف الكولونيا
وجينز ماشي وأي كوتشي
وقهوه فاتحه اليوم بحالو
وشله جاهزه ماتتنقلشى
والكلام عن كُل حاجه
من الحضاره لحد دارون
ول دافنشي
وكُل شئ مُمكن نقولو
إلا إمتى الحال ح يمشي
ونبتدي نراهن في بُكرا
ويقتنع مايقولش ح امشى

لُقمة العيش

كُلنا ب نُمضُغ وجعنا
ونبتدي نمُص الأنين
نكتم المُر اللي فينا
ونتقِهر نطوي الحنين
ل اجل لُقمة عيش
يادوبها!
بالمُحايله ل طقتين
بعدها الصبر يأنسنا
ويندهش ب نجيب منين
كُل دي القُدره العجيبه
للحياه ومكملين
يرتعِش يُصرُخ وبِندِب
نوعظو ونديه يقين
نبتسم نديلو لُقمه
ويبتسم ويقول أميين
يهتدي ويسكُن معانا
وينتظر فرج السنين
واما تفرج تيجي لُقمه
ب يبتسم ويقول لمين ؟
نبتسم نديه منابو
يدعي ويتمتم أميين
ربنا يديمها لنا نعمه
وزينا يمُص الأنين
ل اجل لُقمة عيش
يادوبها !
ب المُحايله ل طقتين

نخاسه

والمزاد على مين يابُكرا
ومين يقدم خطوتين
وب مزاجو وغصب عنو
تبتدي تجسو الإيدين
يبتدي يقلب براحتو
كُل شاري وكُل مين ؟
حقو ب يعاين بضاعتو
م الرُفيع ل التخين
عندو قُدره يزيد عبيدو
واللي لأ يقولوا مين
إيدو بتزلزل كرامتك ؟
قُول ل نفسك كُنت فين ؟
لما غيرك راح نخاسه
وكُنت مفكوك الإيدين
كُنت ب تطرقع صوابعك
كُنت مخدوع لك يومين
مخبأك كان ضل عرشك
فجأه راح الضل فين ؟
شبه هدمه مداريه بدنك
لاعبه فيك كُل الإيدين
فجأه نخاسك ب يزعق
يلا قدم خطوتين

سَكِتوه

حد فيكو
يقولوا يسكُت
ل احسن احنا معببين
كُل ما ب ينطق ب نندم
إننا ف زمنو اللعين
زفت ب ينقط لسانو
والحروف مليانه طين
عندو رغبه مستفزه
انك انتا تقول يامين ؟
يِخرسو ويأخُد حياتك
بس ترتاح لك يومين
من لسانو الغل طافح
والمُعايره شمال يمين
همنا مابقاش وعودو
وانتهت احلامو فين؟
حلمنا بس انو يُسكُت
نستريح من لسانو
ولو يومين

العُمر ولى

وفى النهايه العُمر ولى
خربشه ف حبه ورق
والسطور زهقانه ماله
حبر طافح واندلق
شبه حلم ب يستخبى
شبه عُمر واهو اتسرق
ولسا ب تراجع في نفسك
امتى ترتاح م القلق
امتي ح تفارقك غيومك
امتى تنجا من الغرق
بُص شوف الحبر طافح
بُص شوفو ب يندلق
شوف سيولو
خلاص ب تهدر
مين ينجى من الغرق
عُمرك الضايع ب يُصرخ
خربشاتك ع الورق

بريد صوتي

خُلصت كُل الحكاوي
وما عادش كلام مُفيد
حابب تسمعها رنه
ولا ابعت ع البريد
مابقاش فيه وقت نسمع
مابقاش في الشوق مزيد
أهلاً بالعافيه طالعه
سهلاً طارت بعيد
بعديها تهز راسك
وتشاور من جديد
ترفع فوق الموبايل
تهمس وتقول أكيد
كلمني ف ايه ساعه
وبرضو يرُد البريد
عفواً مشغول وجداً
ارسل لو شيئ مفيد
تخلص فيا الحكاوي
ويدبل فيا المُفيد
ع البوح انا كُنت ناوي
لكن مُش للبريد

اجازه

حاول تهمس لنفسك
حاول منك تفوت
خُد منك يوم اجازه
وارمي كأبة البيوت
اطلع واتمشى حبه
دندن وبأي صوت
مش لازم تبقى كاظم
شعبان ما اهو برضو صوت
بس تحسن ملافظك
نتك على الريموت
وتغني كمان لنفسك
ويا اما العلقة موت
واسمك غيرت جوك
وخرجت من البيوت
حركت شويه نفسك
وقدرت يادوب تفوت
وهمست بشيء لنفسك
برا كأبة البيوت
ورجعت لقيتها كامله
ما بتهربش البيوت

الراحه الأبديه

منتظر يا موت تخبط
منتظر وبكُل شوق
أي شيئ مابقاش ب يفرق
والغروب زي الشروق
وحدها النهايات ب تفرض
شرطها ومش قادر افوق
من شجوني ومن همومى
وانهزامات الشروق
كُل يوم ب او همنى ح افرح
أو نعيم فى الدُنيا ادوق
او تفُك الدُنيا بوزها
وتبتسم وتقول ح اروق
مره واحده الحلم يُصدُق
ينسى مايجيبش الخازوق
وتتقلب كالعاده ضلمه
وهات يامين من فين شروق
والإجابه الحاضره دايماً
احنا أسفين لك يازوق
م الفرح معدوم نصيبك
وانتظر تطلع ل فوق
وامتى ييجي الموت يخبط
امتى يهدا ف قلبى شوق
ل الرحيل من أسر دُنيا
سممت كُل العروق

الإنكسار

فيا انكساري من الحياه
وفيا انهياري من الوجع
لكني ب اكتم فيا اه
وب اقوللى عيب
خليك جدع
عافر وكابد في الدروب
ماتسيبش يوم نفسك تُقع
قلل طموحك في الحياه
واقبل من الدُنيا البِدع
هيئت نفسي ل ألف اه
وعملت حاوي ب كوم خِدع
ولبست فيا كتير وشوش
ومنعت نفسي من الولَع
ب حاجات كتير مُمكن تزول
مُمكن تاخُدنى ف بير نُقَع
حتى الضروري من الحياه
مارضيش يدوم ويا ريت نَفَع
ورفعت راية الإنكسار
وجبرت نفسي على الورعَ
مابقيتش مستني الجديد
مابقيتش اصدق في الودعَ
عودت نفسي على الحياه
عودت قلبي على الوجع
ما بقيتش حتى أقول ي اه
مابقِتشي مني ب تتسمع

ودان العهد الجديد

لسا عندي كتير حكاوي
ولسا ما خلصش النشِيد
بس مين في البر ناوي
يقولى وابدء من جديد
مين يقرب من ح يسمع
مين يريد
نعرف ان الفم بِسكُت
بس ودن ؟دا شىئ جديد
رافضه حتى الحق تسمع
خايفه من طُهر النشيد
والودان مرعوبه خايفه
ساكنه في العهد الجديد
يفتح الله خلاص طِرشنا
والسمع مابقاش يزيد
غير وجعنا وغير هُمومنا
والنحيب قتل النشيد
والسمع على موجه واحده
موجه العهد الجديد

المسخ العربي

أد ايه القهر فيا
وأد ايه كاره وجودي
اني عربي كتييييير موطي
مُستباح و ب طول حدودي
وياهواني وذُل فيا
ويا انكساري وطول سجودي
اني عربي ودول جُدودي
زلزلوا الدُنيا وعروشها
قبل مانسمي احنا دودي
سلموني التركه كامله
وكوم وصايا تصون وجودي
كوم سُيوف ع الحيطه صدت
تنتظر تُصدُق وعودي
بس ماسمعتش كلامهُم
واتبعت لعين يهودي
والكلام كان كُلو عنو
وحذروني كتير جدودي
قُلت لأااا انا ليا رؤيه
وعقل تاني انا غير جدودي
وفى النهايه بقيت ك ضلو
وف كتييير ب ابقى اليهودي
ويبقى هوا السِيِد وانا اركع
كنو واحد من جدودي
وأد ايه صار هوا عربي
وفجأه انا اللي
بقيت اليهودي
ف كُل قاره جُزء مني
حتى مُش فاكر حُدودي
حتى في الأحلام مُطارد
محكمه ويجلد جدودي

فيا طول الليل وانا اصرُخ
وانتحب والعن وجودي
أد ايه القهر فيا
وأد ايه كاره وجودي

فيا طول الليل وانا اصرُخ
وانتحب والعن وجودي
أد ايه القهر فيا
وأد ايه كاره وجودي

فقر العُشّاق

والحقيقه ان انتا عاشق
بس مش قادر تقول
والسهام ف القلب ساكنه
ومشتعل نفسك تنول
بس يعني الإيد قصيره
والفلوس داقه الطبول
اعلنت ليك العدواه
وصار مافيش بينكُم قبول
والدولار لو صُدفه شافك
فجأه يتبخر يزول
عُمرو يوم ماف مره خبط
أو نوى في جيبك نزول
والمُهور عماله تغلى
وانتا حالتك في الذبول
فقرك الضارب جُذورو
مش ح يصبح له افول
أو يشوف كدا حد غيرك
وانتا تصبح لُه عزول
مره ياخُد يوم اجازه
وانتا تتجرأ تقول
انك انتا حقيقي عاشق
وانك انتا معاك تنول
مهما كان المهر غالي
ومهما كان تمن الوصول

بيان الزعيم

زود نار الكلام
على كام تنهيده سُخنه
وابدء يلا البيان
والبس كرافته سودا
وبطل مضغ اللبان
وطي دماغك شويه
وبلاش أي فون كمان
زم شفايفك وركز
سماعتك في الودان
قول اللي ب يتقال في ودنك
حاول زعلك يبان
مش قاصد اني اضايقك
بس عشان البيان
وعشان الناس تصدق
يعني لزوم الإيمان
ب الهم وب القضيه
وبُكرا ح ينسوا اللي كان
والباقي ...؟
بس صوتك
وانتا ب تلقي البيان
لون الكرافته برضو
ورعشة أم الودان
وانتا بتخبط ب ايدك
جامد ترزع كمان
تحلف انك ح تُشجُب
تُشجُب وتقول مُدان
كل اللي يهم شكلك
وانتا ب تلقي البيان
اما المضمون ف وسَع
وسَع صدرك كمان

يا ما البيانات ح تُصدُر
ياما ح نسمع مُدان
ويمكن تتقال لنا احنا
ونصبح هدفك كمان
وتزيد نار الكلام
على كام تنهيده سُخنه
وترزعنا بكام بيان
تسقيف جامد وجداً
وخلاص خلص البيان
ترجع طيب مسالم
ب تطرقع فى اللبان
واللي ف إيدك عملتو
دُمت ودام البيان

جابت اخرها

جابت أخرها وخَلصِت
فيك الحاجات
والغُربه مش بس السفر
أو في الشتات
روبا بيكيا بس تلمها
وف خلال ساعات
حدوته تخلص
بعدها يطول السُكات
والسحنه سهل تزمها
وتنوي السُبات
تدخُل وتقفل دُنيتك
جواك وهات
ع الصدر يافطه وتتنقش
كان فيه ومات
خُلصت وكشفت سرها
كتير الحاجات
مابقتش زاهيه ومُبهجه
وتغرى الحاجات
ف ادخُل بياتك
وابتدى ف عد الساعات
محظوظ وجداً
لو لقيت غير السُكات
يقدر يونس وحدتك
أو ذكريات
تفتح ثقوب الذاكره
وتجلي الحاجات
فتعود ل لحظه وتبتسم
لسا الحاجات
لكن ياحُزنك وحدتك
جوا السُكّات

جابت أخرها وخلصت
فيك الحاجات

جابت أخرها وخلصت
فيك الحاجات

واهى قامت الثوره

واهي قامت الثورة
وانفضت الثورة
وادينا انا وانتا
واصناف كتير م الناس
هيئنا أفراحنا
في الحلم وسرحنا
ويا ريتنا ما فرحنا
طول النهار ننداس
وكأنها رحلة
مُغامره أو سهرة
وكسبها نفس الناس
قام بيها أشرفنا
مات فيها أطهرنا
وبيكسبوا منها
أوسخ مافينا ناس
ب يكملوا السهرة
بكلام عن الثرة
واللي انتصر هُما
والباقي كُلو انداس

مانستاهلكش ياوطني

ومُش إحنا
ولا هروبنا وتلميحنا
ولا الكدب ف ملامحنا
ولا الخوف اللي في قلوبنا
مزلزلنا ب يفضحنا ولا المحنه
ولا الضل اللي راعبنا
نوطيلو نبوس إيدويسامحنا
برغم انو مُجرد ضل
وساكن بس فينا احنا
ب صادقنا ب كدابنا
ب خاينا ب ناصحنا
ب نستاهل تفرحنا
وتَجمعنا على ارضكوتمنحنا
مانستاهلكشياوطني
يادايماً محنتك إحنا

المهاجر

أد ايه السكة عتمه
وأد ايه الصمت فاجر
قفل الأيام في وشك
والتفت يرشى العساكر
قفلوا المركز
وادي انتا وهوا بس
وفجر سافر
مستحيل من تاني يرجع
إلا لو عاد المهاجر
والمهاجر ؟
مش لوحدو
خد في ايدو كتير
وسافر
خد مهابه
وخد كرامه
وخد بطوله
وخد مأثر
واللي فاضل
من زمانو
كوم رماد جوا المباخر

كُلو عارف

هوا عارف وانتا عارف
حتى طوب الأرض عارف
اننا بنكدب علينا
وانها خُلصت وفاضل
بس تشييع الجنازه
بس تبليغ المعارف
واللي لُه حاجه يسامحنا
دي الظروف والكُل عارف
مُش ح نقدر دين نسدد
كُلو راح تمن المعازف
راح لزوم تلميع لـ سعادتو
حلم تافه وهم أغبر فكر جايف
والنتيجه؟ الكُل شايف
كُلو مُتأكد وواثق
بس ب يمُط الشفايف
نِفسو منو يداري همو
بس مُش قادر وعارف
انها بداية النهاية
وان طوب الأرض عارف
وان حتى ماعادش لازم
يعني تبليغ المعارف
كُلهُم شايفين وعرفوا
بس ياخسارة المعارف
جنب حلم كريه وطافح
جنب فكر قديم وجايف

الزار العربي

وسقطه ف سقطه ياعر بي
ياساكن جوا قلب الزار
بلادك كُلها ب تخرب
وراسم في الخيال مية دار
رسمهُملك شيوخ ضلوا
وكهنه ب يغزلوا الأسرار
تطاوعهُم تشوف جنه
وفجأه يدخلوك النار
لأنك عاصي سيدهُم
لأنك رافض الأقدار
ب تحكي في كلام فاضي
في عزه وف كرامه وتار
ومش وقت الجهاد خالص
ولا وقتو لغسيل العار
ويجي ترامب يتسحب
ياخُدهُم سُبعمية مليار
وسلملى على الأقصى
ووسعلى مكان في الزار

ميدان الحلم

والحلم داخل ع الميدان
جاي من بعيد
ناوي الأدان
مستني حد يسندوا
نادوا الغلابه
على الشاويش
اخدو لبعيد وبيجلدو
بعديها نزلت ع الميدان
شياطين كتيره يعربدوا
مافضلش نور جوا الميدان
مافضلش لحن يرددو
كتم الأنين ونوى السكوت
أجر شاويش وبيجلدو
بعديها ناس راحوا السجون
وستات كتير ب يعددوا
وبواقى ناس كفرت خلاص
بمعاد ودايماً تؤئدوا
خُصيان كتير على مُخبرين
على كام سفيه ب يرددوا
الحلم كُفر
الحلم زيغ
ولابُد لازم نجلدوا
داس الشاويش طُهر الميدان
وسبناه لوحدو ب يجلدو

عهد الشاويش

وكأنها مكتوب لها
تحزن في عهدك ياشاويش
افراح مافيش امجاد مافيش
بطولات مافيش
غير بس رسم على الورق
معمول أفيش
وامسك مافيش
لكنها صابره وكاتمه ف غلها
ف احذر نهاية صبرها
ماده الإيدين قالت مدد
ملايين وجايه بشوق لها
واياك تقول رضيت خلاص
واياك يغُرك صبرها
يا ما ارتضت صبرت كتير
أنِت وكتمت أنها
لكنها ف لحظة خلاص
ب تقوم وتنفُض همها
ونلاقك مافيش
يبدء حسابك وقتها
وتتمنى لو ترجع شاويش

مُفتاح الفرج

وياصبر مفتاح الفرج
فين الطريق ؟
وامتى الوصول؟
ويامين يفرحنا ب فرج ؟
بنبات في همنقوم في غم
نصبح ندور عن فرج
ونهد سور فنلاقي سور
ووراه بنلمح طيف فرج
ونقول خلاص بدأت تفوق
قوم مد ايدك يافرج
ويشد حيلو
يقول ح اقوم
من تاني يتكعبل فرج
ونقول ومين ؟
غير الزعيم
مُمكن يوصلنا لفرج
يجي الزعيم
يرسم غيوم
ووراها ضاع مليون فرج
تكبر عيال
وتجيب عيال
والكُل مستني ال فرج
يعلا السكوت
ونغور نموت
والمعزا ياخُدها فرج
وبيدفنونا معانا مين ؟
طبعاً أكيد ومصممين
الصبر مفتاح فرج
ماعرفش يوصل في الحياه
يمكن مماتنا يكون فرج

والليل ساعات كائن حقود

والليل ساعات كائن حَقود
مش مستريح للبشر
مالـل ومتأني وشَرَود
وكأنو ناوي على السفر
وف ايدي ايه ؟ مُمكن يفيد
غير إني اصبُر وانتظر
وامضُغ ف صبري
واقول يروق
واعزف ولو ناي من حجر
وانفُضني ادور أي شئ
مُمكن يفُك من الضجر
لكنو لسا كتير كئيب
والنيه معقوده لسفر
جاي للوداع مُش للونس
خلصت خلاص
مابقاش سهر
والليل ساعات كائن حَقوَد
مالك ممرات الضجر
يفتحها وف كُل اتجاه
يتلموا عُشاق السهر
فجأه البراح يبدا يضيق
والغيم تعاند في القمر
وينادي صوت جاي من بعيد
خلي الجميع ينوا السفر
ينفض سامر كلو شوق
حلمان وعاشق للسهر
والليل خلاص مابقاش حنون
مابقاش ب يشتاق للبشر
لم الرايات قفل الحدود
ونوى الرحيل سَجن السهر

مُستحيل

الكلام مايجيبش حقو
وعمرو ما يربي العيال
والدجل مابقاش بيطرح
مصر محتاجه الرجال
طبالينك زهقونا
ولسا مطروح السؤال
والإجابه بعيدة جداً
مُبهمه وشبه المُحال
هاتلي حلم ف يوم زرعتو
ونبتتو بتطرح أمال
انتوا نبت الوهم فينا
واحنا أولاد الحلال
ننتظر ينبت شجركُم
نتستر واهو دا المُحال
وكُل مابيكتر دجلكُم
نبتهل ونقول يا عال
هِد أُركان الزريبه
ويغرقوا ف مُر السؤال
فين وعودك؟
فين حدودك؟
فين بتدفنها الأمال
مصر صابحه الصُبح تندب
قايمه تتسول رجال
ينشروا الحق ف ربوعها
يحققوا الحلم المُحال
يسجنوكُم
يجلدوكُم
يُشنقوكُم
هوا دا العدل وحلال
مُش كلام مايجيبش حقو

وعمروٗ ما يربى العيال
والتنابله يدوب تطبل
مُستحيل تصبح رجال
مُستحيل تعرق وتعزق
زرعها ينبت أمال

الغُربه

والغُربه يعنى وحدك
شئ مرمي على السرير
وكمان يمكن يا بختك؟
لو كان عندك سرير؟
والليل باهت وبايخ
مافيهوش غير الصفير
والريح ب تجيب اخرها
تنحت نحت بضمير
وتنام و تنام وتصحا
حدك اخر السرير
والليل مُش ناوي يخلص
وحدك مسجون أسير
للريح وأنين صفيرها
ويابس فيك العبير
كُل الأحلام ب تبدأ
وبتخلص في السرير
وطنك اخر سريرك
بعديها مافيش مسير
غير ان تروق وتهدا
تستسلم للمصير
للغُربه ويعني وحدك
شئ مرمي على السرير
وكمان يمكن يابختك ؟
لوكان عندك سرير ؟

العرص

والعدل يقيمو راجل
والعرص يربي عرص
ومنين تيجي الرجولة
والشلة شعارها
هِلِس انهب
واحرق وولع
متع نفسك وبس
وان شا الله الكُل يغرق
أو حتى ما يبقى حس
وتدوم ياكبير وتسلم
ويدوم عزك يادرس
في الفهم وف الإداره
وبكرا ح تُكنُسها كنس
يفضل بس القرايب
وعبيدو لأي عرص
ويدوم نبتك ياطاهر
تزرع تملاها غرس
والنبت معر صينك
والقول حاضر وبس
وبلاد يبنيها راجل
واللي ب يخربها عرص
لو دامت يوم لغيرك
ماكنتش تجيك ياعرص
بس الايام ب تبدع
لما ب تدينا درس
فجأه ب يسقط رجالها
وتلاقي أميرها عرص

اسكندريه

وياصباح العشق فيكى
يا نسيم المغربيه
كُل مادا اشتاق اليكى
والهوي يحكُم عليا
انتفض وافرد جناحي
والتقيها اسكندريه
وابتسم وتطيب جراحي
في هواها اسكندريه
ولو شويه الدُنيا تدى
اشتري يا اسكندريه
ف كُل شبر ف كُل زنقة
واقول كمان دا قليل عليا
بس فينو ؟
أبو ورقة خضرا
ربنا يحنن عليا
واسمع السيد واغني
وابقى من عُشاق ماريا
واشتري لو حتى عشه
عند شط اسكندريه
وعند مُرسى أرمي همي
وابتهل وارفع إيديا
وقبل ما ادعي يروق زماني
ب ادعي تبقى اسكندريه
وادعي فيها يطول غرامي
وادعي تتعطف عليا
والقى نفسي ف يوم مواطن
من رعايا اسكندريه

الكدب خيبه

قلبى قالي الكدب خيبه
عقلي قالي الصدق أخيب
طاوع الدنيا الغريبه
نلتزم بالموج ونركب
واحده واحده الموجه تُظبُط
والجميع شادد ب يهرب
بس و ف لحظة طفوله
قُلت لأ خليني أخيب
عقلي مُش لازم يسيطر
خلي قلبي يكون لي مهرب
ومن ساعتها الكون ب يعند
بس ب القى ف قلبي مهر ب
مش ها ممني الحلم يفتح
كُل همي اني أهرب
لما ب القى الحلم خايف
مني كالعاده و ب يهرب
عقلي مابيديش إجابه
بس ب القى ف قلبي مهرب

الجاز ب يخلص

هانت والجاز ب يخلص
ترجع غنام لئيم
من خيمتو لابن عمك
تدخُل تسبي الحريم
وتنام حاضن في غنمك
خُلصت مابقاش فيه ريم
والذُل يكون شعارك
تُصرُخ تدعي الكريم
ما كرمتش يوم عبادو
واشرب كما شُرب هيم
تسكُن تاني الصحاري
شبه لشيطان رجيم
لسا الاسلام مابانشي
وانتا ف كُفرك بهيم
فاحت ريحة المعارك
جاهز مليون غريم
وكتير من تارو عندك
مُش ناوي يكون كريم
ولا راضي ب دية أبداً
لازم دم اللئيم
امريكا خلاص ب ترحل
ب تسيبك ك الحريم
تصرُخ تندب في حظك
وانتا ومليون غريم
مستني وتارو قايد
لازم دم اللئيم

بطلت تفرج

بطلت تفرج علينا
والإله غضبان وجداً
رغم ان كتير صلاتنا
وياما فينا
الديك ب يدن
جنه وحجزها التنابلة
دخلونا النار وعمداً
فيها ح يطول خُلودنا
اما هُما ار اتحو جداً
قفلوها يادوب عليهم
اما احنا فصرنا بُعداً
دين جديد ضيق علينا
بس ناسبهُم وجداً
لو تعبنا بنبقى كفره
اما هُما فعادي جداً
دا اختبار ويزيدو درجه
يقربو من الرب جداً
لكن احنا؟
بطلت تفرج علينا
والإله غضبان وجداً
رغم إن كتير صلاتنا
وياما فينا الديك ب يدن
دين جديد مطلوق علينا
عكر الاجواء وجداً
بس لسا الفطره فينا
ولسا فينا الديك ب يدن

صُهيوني

صعب تتخبى العداوه
صعب من وِشك تضيع
كُل احقادك وكُرهك
حتى لو مليون ربيع
تحتُهم ب يطُل غلِك
و انتقامك م الجميع
بس ماعُدناش بنقرا
كُلنا ب نمشي ف قطيع
و اللي بتقولو نصدق
يلا بُخ ويلا ذيع
مش مُهم عقول ب تخرب
مُش مُهم بلاد تضيع
المُهم اللعبة تكمل
يكمل الحلم الوضيع
م الفُرات للنيل ب تُحكُم
ألف مبروك القطيع
أمه ظالمه
أمه جاحده
أمه جاهزه لأي بيع
أمه بتهنن عصابه
كاتمه فوق نفس الجميع
كُلُهم خُدام ل حلمك
أعلى رُتبتهُم مُطيع
باعوا فينا الدين ب دُنيا
كُلُهم حملك وديع
بس فينا طُغاه وجبابره
سِجنُهُم ل اجل الجميع
واحنا وُرث وِملك ليهُم
ننجلد نسكُت نطيع
كُلو ب يُخادع فى نفسو

75

وح اعمل ايه ما انا لازم ابيع
كُلنا ب نكدب علينا
حتى مولودنا الرضيع
والحقيقه جليه واضحه
شمس شايفها الجميع
وانتا عارف يا احنا يا انتُم
واستحاله يكون ربيع
واللي بينا وبين وجودكُم
أُمه مش مكسوفه عارفه
إنها ب تغرق تضيع
شُغلها ترقع شرفها
وكُل يوم تصبح تبيع
واللي فاضل بينا خدمك
صنعِتك عُشاق نبيع
بس هانت جاى يومها
تنتفض تصنع ربيع
ونبقى ندفنهُم معاكُم
تُربه واحده ول الجميع

مستنى اموت

ومستني اموت
من ييجي يمكن مية سنه
والموت غريب
كُل اختيارو
يكون لعُشاق الحياه
ويسيبني انا
وافضل أشاور
وابتسملو واقول هنا
أيوه أنا
ويسيبني ويحود يفوت
يختار براعم
لسا محتاجه لغُنا
مش للسكُوت
ويسيبني انا
مع إني مالل م الحياه
ومحتاج سُكوت
محتاج اريح
حتى لو كانت ب موت

لما كانت مصر دوله

لما كانت مصر دولِة
ولما كان ع الكُرسي ريس
كُلو كان بيلم نفسو
يتفرد ويُقف كويس
انتباه ولا أي كلمه
غير تمام وأمُر ياريس
بعدها تقول احتياجك
كم مُؤذن ؟
كم مُمرض ؟
كم مُدرس؟
بعد تعليم القرايه
وبعد ما نعلِم ندرِس
نبتدي نناقش نقرر
مين ح ييجي؟
ف مصر يدرس
كُل دا منحة محبه
وتحيا مصر تعيش ياريس
خُد كمان حاجه لعيالك
يلا عبي ويلا گَيس
وابقى بلغهُم سلامنا
وابقى ربيهُم كويس
لو في يوم ح يكونوا حاجه
يحفظوا الدرس و كويس
دخلوا مصر يادوب ب يقروا
رجعوا أجهلهُم مُدرس
لما كانت مصر دوله
ولما كان ع الكُرسي ريس
كُلو كان عارف مقامو
كُلو كان فاهم وكيس
عارف ان زعلها مُهلِك

وابتدت تكبر تهيس

واهمين ح تتعدل

يا بلاد ب تُمضغ همها
مو هو مه تتعدل
يو ماتى راجعه لورا
والحال ب يتقندل
سجنت شبابها وبدت
عواجيزها تتبدل
رافعين رايات الدجل
والكُل ب يمندل
وف كُل يوم محلمه
ببُكرا تتعدل
واهو بُكرا جابت ورا
وب نزُق نتبهدل
يرجع رخيص يتحفك
ب بيان ح تتعدل
ونخُش ع المحلمه
والوهم يتبدل
شهرين تلاته اربعه
وف السادس اتقندل
بعديها نُصبُر بقى
هانت ح تتعدل
قرنين تلاته اربعه
وادينا ب نمندل
وايه يعني ترجع ورا
أو حتى تتقندل
مدامو دايمين لنا
وما دومنا ب نمندل
نُمضُغ أوى ف همنا
واهمين ح تتعدل

الكمين

اللي زي وزيك انتا
ودا الطبيعي مُهمشين
تتسحب منا البطاقة
ونتصلب على باب كمين
مُخبرينو يكونوا كفرا
من حياتهُم زهقانين
يركنونا في شمس حاميه
لحد مايصحى الأمين
بعدها نشخلل نعدى
أو ح نفضل مركونين
ولو ح ننطق مية قضيه
ونبقى أخوان مُسلمين
ف الطبيعي انك تشخلل
تدعي لسيادة الأمين
ربنا ينور طريقو
ويهدي سر المسؤلين
نفهم ايه في العدل احنا ؟
ونبقى مين في المؤمنين ؟
بالعدالة وبالكرامة
وطلة الفجر المُبين
جاي وجايب كُوم عداله
بس ممسوك في الكمين
لو يشخلل راح يعدي
او ح يضطر الأمين
يحبسو ب محضر تحري
فجأه يفتى المسؤلين
تم تفكيك الخليه
تم دحر المُجرمين
والزعيم إرهابي جداً
كُنيتو الفجر المُبين

روق

وف ساعات
الفكر رايق
وف ساعات
يقلب عليك
يخترع مليون متاهه
وابتدى دور عليك
بين شرودك بين هروبك
وانتا بتقلب ايديك
ليه دا بس ؟
ازاي دا يحصل ؟
فجأه وتدمع عينيك
تتفتح مليون مغاره
صمتها يشاور عليك
وانتا داخل محنى راسك
كسرتك ب تحز فيك
تعمل ايه وازاى ح تهرب ؟
وانتا متكتف ايديك
ويبقى فيك الحل واحد
ارحمك واعطف عليك
خف م التفكير شوية
جمل الدُنيا ف عينيك
أي حاجه تشوف جمالها
مهما كان القهر فيك
لسا في الايام بقيه
ولسا ح تمطر عليك

طلتك

يا اللي
انتا فاكر طلتك
هيا الحياه
شوفت التُراب ؟
دوست التُراب؟
كان يوم حياه
واهو فجأه ياه
فارق الحياه
مع انو كان
زيك في يوم
فاكر ان برضو طلتو
هيا الحياه

لحظة فلس

والقروش! دُخان بتهرب
والفلس! طوفان مقرب
وابتدت تسقط صُحابك
من دا خيبه ومن دا مقلب
تبتدي تقلب دفاترك
تلقى كُل حروفو تهرب
والبقاء لله ف كرامتك
يلا كابد وابدء اشرب
وانتا مالي الباب بيفتح
وانتا فاضي الكُل يهرب
حتى ضلك يستخبى
ينكسر ويشوفلو مهرب
والجميع يتحاشى شوفتك
فجأه تصبح كلب أجرب
ودا الطبيعي وعادي جداً
بس ماكُنتش مجرب
كُنت فاكر ان انتا محمي
ومُستحيل منك يقرب
فجأه فيك خلصت قروشك
واختفى الدُخان بيهرب
والطوفان جاي لك بعزمو
ومنو فين ح تروح وتهرب؟

جيوش العرب

يا جيوش عشانهُم
مِلكُهُم
مُش للجهاد
تُحرس وتحمي ف عرشُهُم
واحنا ل بُعاد
سكنوا العواصم كُلُهُم
نسيوا الوهاد
دُنيا المُعسكر متعبه
وبُعد الولاد
اما المداين مُبهجه
وفيها القُعاد
ب يقوي جداً عزمُهُم
يحموا البلاد
فينا البنادق تترفع
مش في الُبعاد
ورصاصها
ساكن صدرنا
قاتل الولاد
تاكُل في قوتنا وحلمنا
وتسبي العباد
ونصير خدمهُم كُلنا
ونصبح رماد
كُل انتصارهُم
فينا بس وفى البلاد
والكرسي أخرة حلمهُم
هو العماد
والباقي مِنهُم فقرُهُم
وخيال بلاد
مكلومة تُصرُخ م الوجع
وجيوش جراد

يابس على اخضر خلصت
واكوام رماد
بس اللي فاضل من بلد
فاتها المعاد
كُنا نناديها نقول لها
يا امُ البلاد

وطنى الكبير

وطني الكبير وطن الكلام
بادل الجميع عشق وغرام
وماسابش غازي
ماناملو هوش
وغنجلو معسول الكلام
إلا احنا بس
كلاب عبيد
ونصيبنا منو الانتقام
علمنا فيه ازاي تكون
واطي وخسيس
وسفيه و دون
علمنا نركع وبنظام
ونوطي مهما يكون سفيه
يركب ونديلوا اللجام
نبنيلوا ب ايدينا القصور
ندعيلوا بالصحة التمام
نرجع نقول تمت خلاص
واهي دولة قامت والسلام

مزاد على مصر

ولناس كتير مُش من هنا
ساكنين معانا بلدهُم اه
لكن غرامهُم مُش لنا
من طينة تانية ودم غير
في حدود زمَامَهُم أرضنا
وبيحكُمُونا وبالحديد
ويا ريت عاجبهُم صنفنا
ولابد علقة كُل يوم
ويا ويلنا يطلع حِسِنا
مليون سفيه متجهزين
ويسبوا علناً أمنا
وكفايه دوخه ف حُكمُكم
وكفايه كَسرة نفسنا
كُل الملوك لقيت شُعوب
فهمانه واحنا اتباع لنا
حبة حوش وكمان يا ريت
ساكتين عاجبهُم حُكمِنا
ومادام خلاص وصلوا اليقين
إن احنا اخرة صبرُهُم
وان المشاكل مننا
بنقول لُهم
ونقول لُكم
ونقول لنا
مابقاش كتير
يتخاف عليه
مابقاش فيه شىء
فاضل لنا
عايزين ننزلها المزاد
ونفُضُكم
ونفُضُهُم

وِنفُضنا

لو انتا فاسد

ولو انتا فاسد يعني ايه؟
فين هيا قولي المُشكله؟
كُل البلد دي حصاد فساد
واهي ماشيه برضو مكمله !
ولا حد قال فين الفساد؟
ولاحد حس ب مُشكله ؟
انتا اللي بس كتير رقيق
كبرت يا اخي المُشكله
مع انو عادي وشئ بسيط
ومافيش وجود للمُشكله
ديتها شيخ يعمل حجاب
ونحل أم المُشكله
مانفعش شيخ ح
نشوف بديل
ونلاقي حل المُشكله
مانفعش؟ ..خاب ؟
جاي انتخاب
مبروك يازين يا ابو الشباب
مابقاش في عندك مُشكلة
وسقطت ياااه سهله الحياه
نقدر نحل المُشكله
نفتح قناه واهو جوز طُهاه
على كوم مُزز وبدأنا حل المُشكله
واهو فجأه هوب بقيت كبير
وماعادش خالص مُشكله
افهم بقى وحب الفساد
ح تلاقي حل المُشكله
وان مره فيك الطُهر زاد
ح تكون ساعتها المُشكله
ولأنك انتا ف دي البلاد

افسد كمان مش مُشكله
واهو بُكره تصبح حوت كبير
صاحب قواضي متلتله
والكُل يركع بين إيديك
يتمنوا نفس المُشكله
إنك بقيت فاسد عظيم
مع كُل بنك ف مُشكله
ب يحايلوا فيك
وب كوم قروض
انك تحل المُشكله
وتزُرد وبكُل البرود
انك ح تنهي المُشكله
تصبح وتهرب م الحدود
وبسُرعه ننسى المُشكله

اللي عاجبو الكُحل

اللي عاجبو الكُحل أهلاً
واللي مُش عاجبو انتهينا
يروح يشوفلو حته تانيه
يختفي بعيد عن عينينا
هوا دا السِلو ف بلدنا
وسلوها لادد علينا
عاجبك الأوضاع تكمل
مُعترض يبقى انتهينا
واسعه ارض الله ياسيدنا
واسعه ارض الله يا اخينا
يلا شوف مصلحتك اسرح
مش ضروري ترازي فينا
وضعنا مناسبنا جداً
مبسوطين لادد علينا
مُش مُهم ان انتا تفهم
مُش مُهم رضاك علينا
ويعني ايه اديتنا صوتك ؟
مِلكنا ورجعت إلينا
كُنت فاكر حد يُحكُم
واحنا نديلو ب إيدينا
كُرسي يلا اتفضل اؤمر
مشي امرك وانهي فينا
ونبقى زيك حد عادي
يبقى يا اخى حرام علينا
تبقى كُل الناس خدمنا
وفجأه تتمريس علينا
مستحيل ابداً دا يحصل
لو ح نخربها ب إيدينا
وتستلمها يادوب خرابه
فوضى وتشاور علينا

الحقونا خلاص ب نغرق
فُقنا م الحلم وصحينا
واللي عاجبو الكُحل أهلاً
واللي مُش عاجبو انتهينا

الحقونا خلاص ب نغرق
فُقنا م الحلم وصحينا
واللي عاجبو الكُحل أهلاً
واللي مُش عاجبو انتهينا

الليل يهل

والليل يهل
السيرك يبدء يتنصب
وافضل أدادى في كوم قرود
دخلت دماغي وعششت
ومافيش حدود
كُل المحاكم تتفتح
نادوا الشهود
والقاضي مالل
والمُحامي
مالوش وجود
والحل !
ح اترافع انا
وفين الردود ؟
وطلبت تأجيل القضيه
لحين ورود
تقرير يفيد إن الغلط
مُش م القرود
وإن الدماغ هيا السبب
فاتحة الحُدود
والحل حبل يلفها
أو بالبارود
وساعتها نرتاح منها
ويهدا الوجود

مع إنى مُغرم بالحياه

مع إني مُغرم بالحياه
لكن ب اعيشها
ومن بعيد
ماوصلش حلمي
لمنتهاه
ماعرفتش اعمل
شئ مُفيد
والحُب كان
بيفوت ساعات
وساعات يشاور
من بعيد
كان مهرو
غالي ومُنتهاه
لحظة شجن
حرف ف نشيد
مع إني
مُغرم بالحياه
لكني ما قدرتش
أُفيد
ولاحتى نفسي
ف كتم اه
بتخوني
لما اسمع نشيد
وتخلي شُوقي
ف منتهاه
يُصرُخ
ويتمنى المزيد

حاضر ياعم

حاضر ياعم
ح نعيشها غم
نكتم نفسنا ونندعق
واهو دا الأهم
ومادُمت باسط أُمنا
تبقى انتا عم
تؤمر وتنهي ب حكمتك
واحنا الغنم
والكُل ماء رغم الدماء
رغم الألم
وماعادش فاضل
م البلاد غير النشيد
ويادوب عَلَم
أوقات تلاعبو
الريح يميل
وساعات ب يزهق م الغنم
ويلم نفسو بدون ضجيج
يدخل في نوبه من الألم
والنسر بيلم الجناح
يدخُل مسارات العدم
يستنى حد من الولاد
يمكن ح يفتكر القَسَم
أيام ماكانت للبلاد
أمجاد وكان ليها عَلَم

احنا الفلول

طب ما اهو إحنا
من البلد دي ؟
يبقى ليه خايفين نقول ؟
للي بِيخَرَب يافاجر
ننكر انو من الفلول
نِنكتِم نُمضُغ وجعنا
نرضا بزبالة الحُلول
نجمع الفاشلين نِلمَع
نِنبِهر بفراغ عقول
كُل ميزتها المُراوغه
مجدها ف هز الطُبول
بتعايرنا ف كُل لحظه
وتكايدنا ب مية عزول
كُلُهُم رجعت شُموسهُم
واحنا ضل خيال يزول
يندعق يولع ف داهيه
يرجعوا ولاد الأُصول
يجلدونا ف كُل لحظه
نِتخرِس ونخاف نقول
طب ما اهو احنا
من البلد دي ؟
يبقى ليه خَايفين نقول؟
إننا يعنى انهزمنا
واننا صرنا الفلول

فوبيجي

وياعم يافوبيجي
عايزين طبق فوبيا
قرعو يكون مستوي
وتكتر اللوبيا
بعديها رُص الحجر
وناولني كوز سوبيا
نسيني أم الوجع
خرجني م الكوبيا
خِلصِت رجال البلد
والحل ف زانوبيا
تحبل وتولد ولد
مش عارف الفوبيا
يجمع شتات البلد
ويعيدها يوتوبيا
وياعم يافوبيجي
فُكك من الصبيه
راعبينو ل ابن البلد
بيخوفوه ب ليبيا
مع اننا صومال
وياريت نكون ليبيا
ااقلو نلقى طبيخ
ناكُل ولو لوبيا
ونهد أُم الجوع
ونحلي بالفوبيا

الفساد

الفساد جايب ل أخرو
في الرعية وفى الأمير
كُلنا ب نكدب علينا
وكُلنا ب نِلبِس ضمير
مُش بتاعنا ومُش مقاسنا
ومُش بيستحمل كتير
بعد ما بندخُل بيوتنا
ب يتركن تحت السرير
تاني يوم الصُبح ننزل
ناقص ايه ؟
أيوه الضمير
نلبِس الماسكات ونرجع
نبقى انعم م الحرير
نجتهد نكدب علينا
و نُنصُب السيرك الكبير
نبتدي ندندن شويه
بعدها الأحلام تطير
والفساد يفرد شراعو
نعزف اللحن الأثير
نبتدي نهيص ونرقُص
دي الرعيه ودا الأمير
بعدها بنقلع ضميرنا
ويتركن تحت السرير

الضل

كُلُهُم سابوك
لوحدك
وانتا بس
الباقي ليك
حتى ضلك
ناوي يهرب
بس مستني
يلاغيك
انو يعني
الوحده صعبه
وانو محتاجك
شريك
وانتا ماعُدتش
بتُخرُج
للشموس
راحت عليك

صباح الخير يابلدي

وصباح الخير يابلدي
صباح العشق فيكي
مهما تزميه لـ وشك
ولا تشوح إيديكي
وانتي بتكتر سجونك
واحنا بنشحت عليكي
نرهن دم الغلابه
لـ اجل الكلب اللي فيكي
ياكُل يسمن يربرب
ولا كلمة شُكر ليكي
بعديها الطبع غالب
برضو يهوهو عليكي
فـ صباح الخير يابلدي
وصباح الخوف عليكي
من طيبه وطولو صبرك
وبريق زغلل عنيكي
وكئيبه الضحكه صفرا
لكن بتخيل عليكي
ويبُخ كتير في ودنك
صفر يحُطـ ف إيديكي
وتقولي الصبر طيب
نخرس ونهز فيكي
فوقي لنفسك شويه
شوفي الهم اللي فيكي
وصباح الخير يابلدي
ويا طول صبرك عليكي
خلصت فيكي النصيحه
طيب وا خرتها فيكي
ومهما ابعد ولا اسافر
يفضل شوقي لعنيكي

مفتوح ف القلب حاره
مليون حرف يلاغيكي
كُل اللي ف قلبي هامس
مليون حرف يلاغيكي
مليان صدري بر اويحك
هايم للمِسك فيكي
وعلى أد ما اقول كفرتك
شوقي ب يهديني ليكي
ف صباح الخير يابلدي
وصباح النور عليكي

مقلب

وفي النهايه اخدنا مقلب
كُلنا سكنا الضياع
اللي جاهد واللي ساند
واللي ما وطاش وباع
واللي قال الفجر راجع
واللي قال الخير مَشَاع
للجميع وان احنا نقدر
ننتصر رغم الضباع
اللي ناهشه ف كُل جته
مؤمنه وحتى النُخاع
اننا ملك السياده
واننا التركه المَشاع
أي حد يخُش يسكُن
واحنا بس يادوب مَتاع
ننجلد وف كُل لحظه
نشكروا وامرو المُطاع
عنكبوت الخوف يعشش
ننحني لحبة رعاع
فجأه نلقى الحلم خلص
فجأه نلقى الحلم ضاع
واننا لبسناك يامقلب
نفسنا ف حفلة وداع

بلاش نقلي البيضتين
مش مقامك
ول حد إمتى
وطا الجبان
كُلنا طواغيت
ماتراهنشى
لُقمة العيش
نخاسه
سَكتوه
العُمر ولى
بريد صوتي
اجازه
الراحه الأبديه
الإنكسار
ودان العهد الجديد
المسخ العربي
فقر العُشاق
بيان الزعيم
جابت اخرها
واهى قامت الثوره
مانستاهلكش ياوطني
المهاجر
كُلو عارف
الزار العربي
ميدان الحلم
عهد الشاويش
مُفتاح الفرج
والليل ساعات كائن حقود

<u>مُستحيل</u>
<u>الغُربه</u>
<u>العرص</u>
<u>اسكندريه</u>
<u>الكدب خيبه</u>
<u>الجاز ب يخلص</u>
<u>بطلت تفرج</u>
<u>صُهيوني</u>
<u>مستني اموت</u>
<u>لما كانت مصر دوله</u>
<u>واهمين ح تتعدل</u>
<u>الكمين</u>
<u>روق</u>
<u>طلتك</u>
<u>لحظة فلس</u>
<u>جيوش العرب</u>
<u>وطني الكبير</u>
<u>مزاد على مصر</u>
<u>لو انتا فاسد</u>
<u>اللي عاجبو الكُحل</u>
<u>الليل يهل</u>
<u>مع إني مُغرم بالحياه</u>
<u>حاضر ياعم</u>
<u>احنا الفلول</u>
<u>فو بيجي</u>
<u>الفساد</u>
<u>الضل</u>
<u>صباح الخير يابلدي</u>

مقلب

Don't miss out!

Visit the website below and you can sign up to receive emails whenever طارق التريري publishes a new book. There's no charge and no obligation.

https://books2read.com/r/B-A-KEUT-VNXYB

BOOKS 2 READ

Connecting independent readers to independent writers.

Did you love لما كانت مصر دوله؟ Then you should read دوايرك[1] by طارق التريري!

دوايرك ديوان شعر من سلسلة الأعمال الكامله للشاعر طارق التريري
Read more at tarqablog.blogspot.com.

1. https://books2read.com/u/mY6leG

2. https://books2read.com/u/mY6leG

About the Author

منشوراتي

في بلاد الأي حد

قلبي اللي عشقك

إنفصامستان

وجع القصيده

كُل العساكر كدابين

الصُبح في بلادي

شباكي الفاتح

سُلطان العاشقين

قُليل لما باشتاقلي

دوايرك

دم الحُسين

على باب الله

صباح القُدس

عند باب الحلم

لماكانت مصر دوله

ذكريات الميدان
التُهمه عربي
Read more at tarqablog.blogspot.com.